SABRINA FAUDA-RÔLE
PHOTOGRAPHIES DE DAVID JAPY

Cookie shot

LES COOKIES À BOIRE ET À CROQUER

LES PETITS PLATS
MARABOUT
ORIGINAUX & AUTHENTIQUES
DEPUIS L'AN 2000

Sommaire

le précis du cookie shot

PRINCIPE

C'est une base de pâte à cookies cuite dans un petit moule de forme cylindrique dans laquelle on ajoute un shot (lait froid, glace, fruits, mousse…). L'intérieur est parfois nappé d'un glaçage pour le rendre imperméable puis, une fois refroidi, rempli du shot. On peut ajouter un décor avec de la crème, des fruits, des bonbons et, pour servir, le napper de caramel, de chocolat fondu, etc.

LES 5 ÉTAPES DE BASE

La pâte à cookies Partager la pâte à cookies en morceaux de poids égal en fonction du nombre de cookies souhaités.

Moules (métal ou silicone) simples : mettre un morceau de pâte au fond d'un moule et appuyer doucement du bout des doigts pour faire remonter la pâte le long et jusqu'en haut de la paroi du moule afin de former un shot. L'épaisseur de la pâte doit être uniforme.

Moules en silicone en forme de shot : former des petits boudins avec la pâte et les empiler dans les moules. Appuyer sur le dessus à la fin pour souder les boudins et lisser les parois extérieures du moule pour uniformiser l'épaisseur.

La cuisson Enfourner le temps indiqué et attendre que les cookies aient refroidi avant de les démouler. Pour les moules en silicone en forme de shot, pousser délicatement par le fond pour les démouler.

Le glaçage Faire fondre le chocolat (micro-ondes ou bain-marie) et remplir à moitié les cookies shots de chocolat fondu. Tapisser l'intérieur avec une spatule ou une cuillère à café. Les retourner pour vider l'excédent de chocolat et les retourner de nouveau pour faire couler des gouttes de chocolat à l'extérieur. Laisser refroidir pour que le chocolat durcisse.

On peut aussi tremper le bord des cookies dans de la noix de coco râpée, des billes multicolores, des fruits secs hachés, etc.

Le shot Remplir les cookies de lait froid, fruits frais coupés en morceaux, glace, caramel, chantilly, etc. On peut aussi préparer un appareil : bavarois, panna cotta, mousse au chocolat, purée de fruits, etc.

Le topping L'idée est de rendre le cookie shot le plus fun et gourmand possible ! Chantilly, fruits entiers ou en morceaux, fruits secs, copeaux de chocolat, petits bonbons, biscuits, coulis de fruit, caramel, chocolat fondu, vermicelles ou billes sucrées…

CONSEIL

Les moules En métal (5 cm de haut, 5 cm de diamètre) ou en silicone, simples ou en forme de shot.

La conservation Il est préférable de consommer les cookies dans la journée pour garder le croquant du biscuit et éviter qu'ils se gorgent d'humidité. Pour les cookies remplis de glace, lait ou chantilly, les garnir au dernier moment.

cookies shots

choc chip & lait

Préparation : 25 minutes - Cuisson : 20 minutes - Repos : 1 h 30

Pour 8 cookies shots

base cookie

120 g de beurre mou
100 g de sucre
1 œuf
260 g de farine
½ cuillerée à café de levure
1 pincée de sel

nappage & topping

100 g de pépites de chocolat noir
50 g de chocolat noir
25 cl de lait

Fouetter le beurre mou et le sucre pour obtenir un mélange homogène. Ajouter l'œuf et mélanger. Mélanger la farine, la levure et le sel, ajouter à la préparation précédente et mélanger. Ajouter les pépites de chocolat et mélanger.

Préchauffer le four à 180 °C. Diviser la pâte en 8 morceaux et tapisser 8 petits moules en silicone en couvrant bien tous les côtés. Enfourner 20 minutes. Laisser refroidir 1 heure au minimum avant de démouler.

Faire fondre le chocolat au bain-marie. Tapisser l'intérieur et les bords des cookies de chocolat fondu. Laisser refroidir 30 minutes.

Servir les cookies shots
remplis de lait bien froid.

cookies shots

amandes vanille

Préparation : 25 minutes - Cuisson : 20 minutes - Repos : 1 h 30

Pour 8 cookies shots

base cookie

120 g de beurre mou
100 g de sucre
1 œuf
260 g de farine
½ cuillerée à café de levure
1 pincée de sel

nappage & topping

100 g d'amandes
50 g de chocolat au lait
1 gousse de vanille
25 cl de lait

Retirer les graines de la vanille avec la pointe d'un couteau. Chauffer le lait avec la gousse et les graines. Stopper à ébullition, laisser infuser jusqu'à refroidissement, retirer la gousse et placer le lait au frais. Fouetter le beurre mou et le sucre pour obtenir un mélange homogène. Ajouter l'œuf et mélanger. Mélanger la farine, la levure et le sel. Ajouter à la préparation précédente et mélanger. Ajouter les amandes hachées et mélanger.

Préchauffer le four à 180 °C. Diviser la pâte en 8 morceaux et tapisser 8 petits moules en silicone en couvrant bien les bords. Enfourner 20 minutes. Laisser refroidir 1 heure avant de démouler les cookies.

Faire fondre le chocolat noir. Tapisser l'intérieur et les bords des cookies de chocolat fondu. Laisser refroidir 30 minutes.

Servir les cookies shots remplis de lait froid infusé à la vanille.

Servir les cookies shots remplis de lait bien froid.

cookies shots

pécan caramel

Préparation : 25 minutes - Cuisson : 20 minutes
Repos : 1 h 30

Pour 8 cookies shots

base cookie
120 g de beurre mou
100 g de sucre
1 œuf
260 g de farine
½ cuillerée à café de levure
1 pincée de sel

nappage & topping
100 g de noix de pécan
100 g de chocolat au lait aux éclats de caramel
25 cl de lait

Fouetter le beurre mou et le sucre pour obtenir un mélange homogène. Ajouter l'œuf et mélanger. Mélanger la farine, la levure et le sel, ajouter à la préparation précédente et mélanger. Hacher grossièrement les noix de pécan, les ajouter à la préparation et mélanger.

Préchauffer le four à 180 °C. Diviser la pâte en 8 morceaux et tapisser 8 petits moules en silicone en couvrant bien tous les côtés. Enfourner 20 minutes. Laisser refroidir 1 heure au minimum avant de démouler.

Faire fondre le chocolat au bain-marie. Tapisser l'intérieur et les bords des cookies de chocolat fondu. Laisser refroidir 30 minutes.

cookies shots
cacahuètes

Préparation : 25 minutes - Cuisson : 20 minutes - Repos : 1 h 30

Pour 8 cookies shots

base cookie

70 g de beurre mou
100 g de sucre
1 œuf
200 g de farine
200 g de beurre mou de cacahuètes
½ cuillerée à café de levure
1 pincée de sel

nappage & topping

50 g de chocolat noir
20 cl de crème fleurette
20 g de cacahuètes grillées

Fouetter le beurre mou, le sucre et le beurre de cacahuètes pour obtenir un mélange homogène. Ajouter l'œuf et mélanger. Mélanger la farine, la levure et le sel, ajouter à la préparation précédente et mélanger.

Préchauffer le four à 180 °C. Diviser la pâte en 8 morceaux et tapisser 8 petits moules en silicone en couvrant bien tous les côtés. Enfourner 20 minutes. Laisser refroidir 1 heure au minimum avant de démouler.

Faire fondre le chocolat noir au bain-marie. Tapisser l'intérieur et les bords des cookies de chocolat fondu. Laisser refroidir 30 minutes. Monter la crème bien froide en chantilly.

Servir les cookies shots remplis de chantilly et parsemés de cacahuètes hachées.

cookies shots

cappuccino

Préparation : 25 minutes - Cuisson : 20 minutes - Repos : 1 h 30

Pour 8 cookies shots

base cookie

120 g de beurre mou
100 g de sucre
1 œuf
260 g de farine
50 g de poudre d'amandes
½ cuillerée à café de levure
1 pincée de sel

nappage & topping

50 g de chocolat noir
5 g de poudre de cacao
10 cl de café froid
10 cl de crème fleurette

Fouetter le beurre mou et le sucre pour obtenir un mélange homogène. Ajouter l'œuf et mélanger. Mélanger la farine, la poudre d'amandes, la levure et le sel, ajouter à la préparation précédente et mélanger.

Préchauffer le four à 180 °C. Diviser la pâte en 8 morceaux et tapisser 8 petits moules en silicone en couvrant bien tous les côtés. Enfourner 20 minutes. Laisser refroidir 1 heure au minimum avant de démouler.

Faire fondre le chocolat au bain-marie. Tapisser l'intérieur et les bords des cookies de chocolat fondu. Laisser refroidir 30 minutes. Monter la crème bien froide en chantilly.

Remplir les cookies shots de café froid.

cookies shots
lait fraise

Préparation : 25 minutes - Cuisson : 20 minutes - Repos : 1 h 30

Pour 8 cookies shots

base cookie

120 g de beurre mou
100 g de sucre
1 œuf
260 g de farine
50 g de poudre d'amandes
½ cuillerée à café de levure
1 pincée de sel

nappage & topping

100 g de chocolat blanc
50 g de billes décoratives multicolores
25 cl de lait
2 cuillerées à soupe de sirop de fraises

Fouetter le beurre mou et le sucre pour obtenir un mélange homogène. Ajouter l'œuf et mélanger. Mélanger la farine, la poudre d'amandes, la levure et le sel, ajouter à la préparation précédente et mélanger.

Préchauffer le four à 180 °C. Diviser la pâte en 8 morceaux et tapisser 8 petits moules en silicone en couvrant bien tous les côtés. Enfourner 20 minutes. Laisser refroidir 1 heure au minimum avant de démouler.

Faire fondre le chocolat au bain-marie. Tapisser l'intérieur et les bords des cookies de chocolat fondu. Tremper les bords dans les billes multicolores placées dans un bol. Laisser refroidir 30 minutes.

Servir les cookies shots remplis de lait bien froid parfumé au sirop de fraises.

cookies shots

choco pistache

Préparation : 15 minutes - Cuisson : 20 minutes - Repos : 2 heures

Pour 8 cookies shots

base cookie
200 g de sucre glace
200 g de poudre de pistaches
1 blanc d'œuf

nappage & topping
50 g de chocolat noir
30 g de pistaches mondées
Lait d'amande

Mélanger le sucre glace, la poudre de pistaches et le blanc d'œuf.

Préchauffer le four à 180 °C. Diviser la pâte en 8 morceaux, remplir 8 petits moules en silicone en couvrant bien les bords. Enfourner 20 minutes. Laisser refroidir 1 heure avant de démouler les cookies par le fond.

Faire fondre le chocolat au bain-marie. Tapisser l'intérieur des cookies de chocolat fondu et les bords de pistaches hachées. Laisser refroidir 1 heure.

Servir avec du lait d'amande froid.

Servir les cookies shots remplis de glace menthe-chocolat et saupoudrés de chocolat râpé.

cookies shots

choco menthe

Préparation : 25 minutes - Cuisson : 20 minutes
Repos : 1 h 30

Pour 8 cookies shots

base cookie
120 g de beurre mou
100 g de sucre
1 œuf
250 g de farine
10 g de cacao en poudre
½ cuillerée à café de levure
1 pincée de sel

nappage & topping
110 g de chocolat noir
8 boules de glace menthe-chocolat

Fouetter le beurre mou et le sucre pour obtenir un mélange homogène. Ajouter l'œuf et mélanger. Mélanger la farine, le cacao en poudre, la levure et le sel, ajouter à la préparation précédente et mélanger.

Préchauffer le four à 180 °C. Diviser la pâte en 8 morceaux et tapisser 8 petits moules en silicone en couvrant bien tous les côtés. Enfourner 20 minutes. Laisser refroidir 1 heure au minimum avant de démouler.

Faire fondre le chocolat noir au bain-marie. Tapisser l'intérieur et les bords des cookies de chocolat fondu. Laisser refroidir 30 minutes. Râper le reste de chocolat noir.

cookies shots
citron orange

Préparation : 25 minutes - Cuisson : 20 minutes - Repos : 1 h 30

Pour 8 cookies shots

base cookie
120 g de beurre mou
100 g de sucre
1 œuf
260 g de farine
50 g de poudre d'amandes
½ cuillerée à café de levure
1 pincée de sel

nappage & topping
1 cuillerée à café de zestes de citron
1 cuillerée à café de zestes d'orange
100 g de chocolat noir
100 g de mascarpone
5 cl de crème fleurette
4 bâtonnets d'orange confite

Fouetter le beurre mou et le sucre pour obtenir un mélange homogène. Ajouter l'œuf, les zestes et mélanger. Mélanger les ingrédients secs, les ajouter à la préparation précédente et mélanger.

Préchauffer le four à 180 °C. Diviser la pâte en 8 morceaux et tapisser 8 petits moules en silicone en couvrant bien tous les côtés. Enfourner 20 minutes. Laisser refroidir 1 heure avant de démouler.

Faire fondre 50 g de chocolat. Tapisser l'intérieur et les bords des cookies de chocolat fondu. Laisser refroidir 30 minutes.

Râper le reste de chocolat. Monter le mascarpone et la crème bien froide en chantilly. Mélanger à la moitié du chocolat râpé. Remplir les cookies shots de chantilly, saupoudrer de chocolat râpé.

Déposez des morceaux d'orange
confite sur les cookies shots.

Servir les cookies shots
remplis de chantilly.

cookies shots

noix de coco

Préparation : 25 minutes - Cuisson : 20 minutes
Repos : 1 h 30

Pour 8 cookies shots

base cookie
120 g de beurre mou
100 g de sucre
1 œuf
260 g de farine
½ cuillerée à café de levure
1 pincée de sel

nappage & topping
100 g de noix de coco râpée
150 g de chocolat blanc
10 cl de crème fleurette

Fouetter le beurre mou avec le sucre pour obtenir un mélange homogène. Ajouter l'œuf et mélanger. Mélanger la farine, 50 g de noix de coco râpée, la levure et le sel, ajouter à la préparation précédente et mélanger.

Préchauffer le four à 180 °C. Diviser la pâte en 8 morceaux et tapisser 8 petits moules en silicone en couvrant bien tous les côtés. Enfourner 20 minutes. Laisser refroidir 1 heure au minimum avant de démouler.

Faire fondre le chocolat. En tapisser l'intérieur et les bords des cookies. Tremper le bord des cookies dans le reste de noix de coco râpée. Laisser refroidir 30 minutes. Monter la crème bien froide en chantilly.

cookies shots

noisette chocolat

sans gluten

Préparation : 20 minutes - Cuisson : 15 minutes - Repos : 2 heures

Pour 8 cookies shots

base cookie

80 g de purée de noisettes
80 g de sucre complet
1 jaune d'œuf
3 cl d'eau
200 g de farine de riz
½ cuillerée à café de levure
1 pincée de sel

nappage & topping

100 g de chocolat noir
Boisson végétale à la vanille

Fouetter le jaune d'œuf et le sucre jusqu'à ce que le mélange blanchisse. Ajouter la purée de noisettes et mélanger. Ajouter la farine de riz, la levure et le sel, mélanger en ajoutant 3 cl d'eau.

Préchauffer le four à 180 °C. Remplir 8 petits moules en silicone en couvrant bien les bords. Enfourner 15 minutes. Laisser refroidir 1 heure au minimum avant de démouler.

Faire fondre le chocolat au bain-marie. Tapisser l'intérieur des cookies et laisser refroidir 1 heure.

Servir avec une boisson végétale à la vanille froide.

cookies shots

tout choco

Préparation : 20 minutes - Cuisson : 20 minutes - Repos : 1 h 30

Pour 8 cookies shots

base cookie

120 g de beurre mou
100 g de sucre
1 œuf
250 g de farine
10 g de cacao en poudre
½ cuillerée à café de levure
1 pincée de sel

nappage & topping

50 g de pépites de chocolat noir
50 g de pépites de chocolat au lait
50 g de chocolat blanc
200 g de mousse au chocolat

Fouetter le beurre mou et le sucre pour obtenir un mélange homogène. Ajouter l'œuf et mélanger. Mélanger la farine, le cacao en poudre, la levure et le sel, ajouter à la préparation précédente et mélanger. Ajouter les pépites de chocolat, mélanger le tout.

Préchauffer le four à 180 °C. Diviser la pâte en 8 morceaux et tapisser 8 petits moules en silicone en couvrant bien tous les côtés. Enfourner 20 minutes. Laisser refroidir 1 heure au minimum avant de démouler les cookies.

Faire fondre le chocolat blanc au bain-marie. Tapisser l'intérieur et les bords des cookies de chocolat fondu. Laisser refroidir 30 minutes.

Servir les cookies shots remplis de mousse au chocolat.

cookies shots
choco caramel

Préparation : 25 minutes - Cuisson : 12 minutes - Repos : 1 h 30

Pour 8 cookies shots

base cookie
60 g de beurre mou
120 g de cassonade
2 œufs
110 g de farine
220 g de chocolat noir
½ cuillerée à café de levure
1 pincée de sel

nappage & topping
100 g de chocolat noir
2 crèmes desserts au caramel
10 cl de crème fleurette
Coulis de caramel

Faire fondre le beurre et le chocolat en morceaux au bain-marie. Fouetter les œufs et la cassonade jusqu'à ce que le mélange blanchisse. Verser le chocolat et le beurre fondus, mélanger. Incorporer les ingrédients secs.

Préchauffer le four à 180 °C. Remplir 10 petits moules en silicone. Enfourner 12 minutes. Laisser refroidir 1 heure avant de démouler. Faire fondre 100 g de chocolat. Tapisser l'intérieur et les bords de 8 cookies de chocolat fondu. Laisser refroidir 30 minutes.

Monter la crème bien froide en chantilly. Remplir les cookies shots de crème dessert au caramel, couvrir de chantilly et de morceaux des 2 derniers cookies puis napper de caramel.

cookies shots

confiture de lait

Préparation : 30 minutes - Cuisson : 20 minutes - Repos : 1 h 30

Pour 8 cookies shots

base cookie
120 g de beurre mou
100 g de sucre
1 œuf
260 g de farine
½ cuillerée à café de levure
1 pincée de sel

nappage & topping
100 g de flocons d'avoine
50 g de chocolat au lait
1 banane
100 g de confiture de lait
10 cl de crème fleurette

Fouetter le beurre mou et le sucre pour obtenir un mélange homogène. Ajouter l'œuf et mélanger. Mélanger la farine, les flocons d'avoine, la levure et le sel, ajouter à la préparation précédente et mélanger.

Préchauffer le four à 180 °C. Diviser la pâte en 8 morceaux et tapisser 8 petits moules en silicone en couvrant bien tous les côtés. Enfourner 20 minutes. Laisser refroidir 1 heure au minimum avant de démouler.

Faire fondre le chocolat au lait. En tapisser l'intérieur et les bords des cookies. Laisser refroidir 30 minutes.

Placer 2 rondelles de banane au fond de chaque cookie, ajouter 1 cuillerée de confiture de lait et couvrir de 1 tranche de banane. Monter la crème bien froide en chantilly.

Servir les cookies shots recouverts de chantilly et nappés de confiture de lait.

Décorer les cookies shots d'une dernière framboise.

cookies shots
chocolat blanc

Préparation : 25 minutes - Cuisson : 20 minutes
Congélation : 10 minutes - Repos : 1 heure

Pour 8 cookies shots

base cookie
120 g de beurre mou
100 g de sucre
1 œuf
260 g de farine
50 g de poudre d'amandes
½ cuillerée à café de levure
1 pincée de sel

nappage & topping
100 g de pépites de chocolat blanc
10 cl de crème fleurette
8 boules de glace à la vanille
125 g de framboises
4 cuillerées à soupe de coulis de framboises

Fouetter le beurre mou et le sucre pour obtenir un mélange homogène. Ajouter l'œuf et mélanger. Mélanger la farine, la poudre d'amandes, 50 g de pépites de chocolat, la levure et le sel, puis incorporer à la préparation précédente.

Diviser la pâte en 8 morceaux et tapisser 8 petits moules en silicone en couvrant bien tous les côtés. Mettre au congélateur.

Préchauffer le four à 180 °C. Enfourner 20 minutes. Laisser refroidir 1 heure minimum.

Monter la crème bien froide en chantilly. Garnir les cookies shots de 1 boule de glace, de framboises, de chantilly, de pépites de chocolat et nappés de coulis de framboises.

Décorer les cookies shots de zestes de citron vert.

cookies shots

lemon curd

Préparation : 20 minutes - Cuisson : 20 minutes
Congélation : 10 minutes - Repos : 1 heure

Pour 8 cookies shots

base cookie
100 g de beurre mou salé
100 g de sucre
3 jaunes d'œufs
175 g de farine
½ cuillerée à café de levure

nappage & topping
8 cuillerées à soupe de lemon curd
20 cl de crème fleurette
1 cuillerée à café de zestes de citron vert

Fouetter les jaunes d'œufs et le sucre jusqu'à ce que le mélange blanchisse. Ajouter la farine, la levure et mélanger. Ajouter le beurre mou en morceaux et mélanger pour obtenir une pâte homogène.

Diviser la pâte en 8 morceaux et tapisser 8 petits moules en silicone en couvrant bien tous les côtés. Mettre au congélateur.

Préchauffer le four à 180 °C. Enfourner 20 minutes. Laisser refroidir 1 heure au minimum avant de démouler.

Remplir chaque cookie avec 1 cuillerée à soupe de lemon curd. Monter la crème bien froide avec les zestes de citron vert en chantilly. Verser la chantilly dans les cookies shots au lemon curd et servir.

cookies shots

noisettes

Préparation : 20 minutes - Cuisson : 20 minutes - Repos : 1 h 30

Pour 8 cookies shots

base cookie

100 g de beurre mou
100 g de sucre
1 œuf
220 g de farine
50 g de poudre de noisettes
10 g de cacao en poudre
½ cuillerée à café de levure
1 pincée de sel

nappage & topping

50 g de chocolat au lait aux noisettes entières
50 g de chocolat au lait
20 cl de crème fleurette
2 cuillerées à soupe de pâte à tartiner aux noisettes
16 noisettes entières

Fouetter le beurre mou et le sucre pour obtenir un mélange homogène. Ajouter l'œuf et mélanger. Mélanger la farine, la poudre de noisettes, le cacao en poudre, la levure et le sel, ajouter à la préparation précédente et mélanger. Hacher le chocolat aux noisettes, ajouter et mélanger.

Préchauffer le four à 180 °C. Diviser la pâte en 8 morceaux et tapisser 8 petits moules en silicone en couvrant bien tous les côtés. Enfourner 20 minutes.

Laisser refroidir 1 heure minimum avant de démouler. Faire fondre le chocolat au lait au bain-marie. Tapisser l'intérieur et les bords des cookies de chocolat fondu. Laisser refroidir 30 minutes.

Monter la crème bien froide en chantilly, la mélanger à la pâte à tartiner. Remplir les cookies shots de chantilly-pâte à tartiner, saupoudrer de noisettes hachées.

Recouvrir la chantilly
de pâte à tartiner.

Planter 2 quartiers de poire dans chaque cookie shot et napper de chocolat fondu.

cookies shots

poire choco

Préparation : 25 minutes - Cuisson : 20 minutes
Congélation : 10 minutes - Repos : 1 h 30

Pour 8 cookies shots

base cookie
120 g de beurre mou
100 g de sucre
1 œuf
260 g de farine
50 g de poudre d'amandes
½ cuillerée à café de levure
1 pincée de sel

nappage & topping
50 g de pépites de chocolat noir
100 g de chocolat noir
200 g de mascarpone
2 poires

Fouetter le beurre mou et le sucre. Incorporer l'œuf. Mélanger les ingrédients secs, ajouter à la préparation précédente et mélanger. Diviser la pâte en 8 morceaux et tapisser 8 petits moules en silicone en couvrant bien tous les côtés. Mettre au congélateur.

Préchauffer le four à 180 °C. Enfourner 20 minutes. Laisser refroidir 1 heure au minimum avant de démouler.

Faire fondre 50 g de chocolat. En tapisser l'intérieur et les bords des cookies. Laisser refroidir 30 minutes.

Râper le reste de chocolat. Peler les poires, en couper 1 en cubes et 1 en quartiers. Mélanger le mascarpone, le chocolat râpé et les cubes de poire. Remplir les cookies shots du mélange mascarpone-poire.

cookies shots

glacés chocolat riz soufflé

Préparation : 20 minutes - Cuisson : 20 minutes - Repos : 1 heure

Pour 8 cookies shots

base cookie

120 g de beurre mou
100 g de sucre
1 œuf
260 g de farine
½ cuillerée à café de levure
1 pincée de sel

nappage & topping

200 g de chocolat au riz soufflé
8 boules de glace à la vanille

Fouetter le beurre mou avec le sucre pour obtenir un mélange homogène. Ajouter l'œuf et mélanger. Mélanger la farine, la levure et le sel, ajouter à la préparation précédente et mélanger. Hacher 50 g de chocolat au riz soufflé et ajouter au mélange.

Préchauffer le four à 180 °C. Diviser la pâte en 8 morceaux et tapisser 8 petits moules en silicone en couvrant bien tous les côtés. Enfourner 20 minutes. Laisser refroidir 1 heure au minimum avant de démouler les cookies.

Faire fondre le reste de chocolat au bain-marie. Remplir les cookies shots de glace à la vanille

Servir les cookies shots nappés
de chocolat fondu.

Servir les cookies shots frais avec le reste des fraises et la chantilly.

cookies shots

bavarois fraises

Préparation : 30 minutes - Cuisson : 20 minutes
Repos : 1 heure - Réfrigération : 3 heures

Pour 8 cookies shots

base cookie
120 g de beurre mou
100 g de sucre
1 œuf
260 g de farine
50 g de poudre d'amandes
½ cuillerée à café de levure
1 pincée de sel

garniture & topping
350 g de fraises
Jus de ½ citron
3 feuilles de gélatine
25 cl de crème fleurette
100 g de sucre

Fouetter bien le beurre mou et le sucre pour obtenir. Incorporer l'œuf. Ajouter les ingrédients secs et mélanger.

Préchauffer le four à 180 °C. Diviser la pâte en 8 morceaux et tapisser 8 moules en silicone. Enfourner 20 minutes. Laisser refroidir 1 heure avant de démouler.

Plonger la gélatine 3 minutes dans de l'eau froide. Mixer 250 g de fraises, le jus de citron et le sucre, et porter à ébullition. Hors du feu, ajouter la gélatine essorée et mélanger. Laisser refroidir.

Monter 20 cl de crème bien froide en chantilly. Mélanger au coulis de fraises et remplir les cookies shots. Laisser reposer 3 heures au froid. Monter le reste de crème en chantilly.

cookies shots

pomme Tatin

Préparation : 30 minutes - Cuisson : 20 minutes
Repos : 1 heure - Réfrigération : 15 minutes

Pour 8 cookies shots

base cookie

100 g de beurre mou
125 g de cassonade
1 œuf
150 g de farine
½ cuillerée à café de levure

nappage & topping

230 g de spéculoos
2 pommes golden
100 g de sucre
20 cl de crème épaisse

Fouetter le beurre mou et la cassonade pour obtenir un mélange homogène. Ajouter l'œuf et mélanger. Mélanger la farine, la levure, les spéculoos émiettés et le sel, ajouter à la préparation précédente et mélanger.

Préchauffer le four à 180 °C. Diviser la pâte en 8 morceaux et tapisser 8 petits moules en silicone en couvrant bien tous les côtés. Enfourner 20 minutes. Laisser refroidir 1 heure au minimum avant de démouler. Les remplir de crème et mettre au frais.

Peler les pommes, les couper en dés. Chauffer le sucre dans une poêle jusqu'à ce qu'il caramélise, ajouter les pommes et cuire 3 minutes en remuant. Poser les pommes caramélisées sur les cookies remplis de crème et servir aussitôt.

Servir les cookies shots froids avec des fruits rouges saupoudrés de sucre glace.

cookies shots

tarte fruits rouges

Préparation : 30 minutes - Cuisson : 20 minutes
Congélation : 10 minutes - Repos : 1 heure

Pour 8 cookies shots

base cookie
100 g de beurre mou salé
100 g de sucre
3 jaunes d'œufs
175 g de farine
½ cuillerée à café de levure

garniture & topping
1 jaune d'œuf
40 g de sucre
1 sachet de sucre vanillé
25 g de farine
25 cl de lait
Mélange de fruits rouges
Sucre glace

Fouetter les jaunes d'œufs et le sucre jusqu'à ce que le mélange blanchisse. Ajouter la farine, la levure et mélanger. Ajouter le beurre mou en morceaux et mélanger pour obtenir une pâte homogène.

Diviser la pâte en 8 morceaux et tapisser 8 petits moules en silicone en couvrant bien tous les côtés. Mettre au congélateur. Préchauffer le four à 180 °C. Enfourner 20 minutes. Laisser refroidir 1 heure avant de démouler.

Pour le shot, fouetter le jaune d'œuf et les sucres jusqu'à ce que le mélange blanchisse. Ajouter la farine et mélanger. Ajouter 2 cuillerées à soupe de lait. Faire tiédir le restant de lait puis ajouter le mélange. Fouetter jusqu'à ébullition puis remplir chaque cookie de crème pâtissière, laisser tiédir puis placer au frais.

Servir les cookies shots froids garnis de 1 myrtille, de 1 grappe de groseilles, de 1 morceau de mangue et de pulpe de fruit de la Passion.

cookies shots

cheese-cake style

Préparation : 20 minutes - Congélation : 30 minutes
Réfrigération : 1 heure

Pour 8 cookies shots

base cookie
250 g de petits-beurre
125 g de beurre

garniture & topping
150 g de fromage frais
60 g de crème liquide
1 g d'agar-agar
100 g de sucre
50 g de coulis de mangue-Passion surgelé
8 myrtilles
100 g de groseilles
1 fruit de la Passion
¼ de mangue

Mélanger les biscuits émiettés et le beurre fondu. Répartir ce mélange dans 8 petits moules en silicone. Mettre au congélateur 30 minutes. Démouler et conserver au réfrigérateur.

Mélanger l'agar-agar, le coulis et la crème dans une casserole, porter à ébullition et cuire 30 secondes en remuant. Mélanger au fromage frais et au sucre pour obtenir une consistance homogène.

Remplir les cookies de ce mélange et remettre au frais pour 1 heure. Récupérer la pulpe du fruit de la Passion.

cookies shots

panna cotta

Préparation : 25 minutes - Cuisson : 20 minutes
Repos : 1 heure - Réfrigération : 3 h 30

Pour 8 cookies shots

base cookie
120 g de beurre mou
100 g de sucre
1 œuf
260 g de farine
½ cuillerée à café de levure
1 pincée de sel

nappage & garniture
50 g de chocolat noir
50 cl de crème liquide
2 sachets de sucre vanillé
3 feuilles de gélatine

Fouetter le beurre mou et le sucre pour obtenir un mélange homogène. Ajouter l'œuf et mélanger. Ajouter les ingrédients secs et mélanger.

Préchauffer le four à 180 °C. Diviser la pâte en 8 morceaux et tapisser 8 petits moules en silicone en couvrant bien tous les côtés. Enfourner 20 minutes. Laisser refroidir 1 heure avant de démouler.

Faire fondre le chocolat. Tapisser l'intérieur et les bords des cookies de chocolat fondu. Laisser refroidir 30 minutes au réfrigérateur.

Plonger la gélatine dans de l'eau froide. Chauffer la crème et le sucre vanillé dans une casserole sans laisser bouillir, plonger la gélatine essorée et bien mélanger. Laisser tiédir. Remplir les cookies shots de cette préparation. Placer au frais 3 heures au minimum et servir froid.

Servir les cookies shots encore chauds recouverts de chantilly.

cookies shots

duo cookie & moelleux

Préparation : 30 minutes - Cuisson : 20 minutes

Pour 8 cookies shots

base cookie
120 g de beurre mou
100 g de sucre
1 œuf
260 g de farine
½ cuillerée à café de levure
1 pincée de sel

garniture & topping
4 œufs
145 g de sucre
135 g de chocolat noir
120 g de beurre
45 g de farine
10 cl de crème liquide

Fouetter le beurre mou et le sucre pour obtenir un mélange homogène. Ajouter l'œuf et mélanger. Ajouter la farine, le sel et la levure, et mélanger.

Préchauffer le four à 180 °C. Diviser la pâte en 8 morceaux et tapisser 8 moules en silicone en couvrant bien tous les côtés. Enfourner 10 minutes. Les sortir et monter le four à 200 °C.

Faire fondre le beurre et le chocolat haché. Fouetter les œufs et le sucre jusqu'à ce que le mélange blanchisse. Ajouter le chocolat et le beurre fondus, la farine et mélanger. Verser dans les cookies précuits et enfourner 10 minutes. Laisser refroidir un peu et démouler. Fouetter la crème bien froide en chantilly.

cookies shots

banana split

Préparation : 30 minutes - Cuisson : 20 minutes - Repos : 1 h 30

Pour 8 cookies shots

base cookie
120 g de beurre mou
100 g de sucre
1 œuf
260 g de farine
½ cuillerée à café de levure
1 pincée de sel

nappage & topping
1 banane
100 g de chocolat noir
10 cl de crème fleurette
8 boules de glace à la vanille

Fouetter le beurre mou et le sucre pour obtenir un mélange homogène. Ajouter l'œuf et mélanger. Ajouter la farine, le sel et la levure, et mélanger.

Préchauffer le four à 180 °C. Diviser la pâte en 8 morceaux et tapisser 8 moules en silicone en couvrant bien tous les côtés. Enfourner 20 minutes. Laisser refroidir 1 heure au minimum avant de démouler.

Faire fondre le chocolat au bain-marie. Tapisser l'intérieur et les bords des cookies de chocolat fondu. Laisser refroidir 30 minutes.

Monter la crème bien froide en chantilly. Couper la banane en morceaux. Poser 1 boule de glace dans chaque cookie, ajouter des morceaux de banane, de la chantilly et verser le reste de chocolat fondu.

cookies shots

Oreo® style

Préparation : 20 minutes - Cuisson : 12 minutes - Repos : 1 h 30

Pour 8 cookies shots

base cookie
120 g de beurre mou
120 g de cassonade
150 g de farine
150 g de cacao en poudre non sucré
75 ml d'eau
1 pincée de sel

nappage & topping
100 g de chocolat noir
20 cl de crème fleurette
8 biscuits Oreo®

Mélanger le beurre fondu et l'eau. Mélanger la farine, le cacao et la cassonade, ajouter le beurre fondu et mélanger pour obtenir une pâte homogène.

Préchauffer le four à 180 °C. Diviser la pâte en 8 morceaux et tapisser 8 petits moules en silicone en couvrant bien tous les côtés. Enfourner 12 minutes. Laisser refroidir 1 heure minimum avant de démouler.

Faire fondre le chocolat au bain-marie. Tapisser l'intérieur et les bords des cookies de chocolat fondu. Laisser refroidir 30 minutes. Monter la crème bien froide en chantilly.

Remplir les cookies shots de chantilly et servir avec des morceaux d'Oreo®.

cookies shots

choco caramel chamallows®

Préparation : 25 minutes - Cuisson : 20 minutes - Repos : 1 h 30

Pour 8 cookies shots

base cookie
120 g de beurre mou
100 g de sucre
1 œuf
260 g de farine
½ cuillerée à café de levure
1 pincée de sel

nappage & topping
50 g de pépites de chocolat noir
150 g de chocolat noir
8 boules de glace au caramel
Éclats de nougatine
4 Chamallows®

Fouetter le beurre mou et le sucre pour obtenir un mélange homogène. Ajouter l'œuf et mélanger. Ajouter la farine, les pépites de chocolat, le sel et la levure, et mélanger.

Préchauffer le four à 180 °C. Diviser la pâte en 8 morceaux et tapisser 8 petits moules en silicone en couvrant bien tous les côtés. Enfourner 20 minutes. Laisser refroidir 1 heure au minimum avant de démouler.

Faire fondre 100 g de chocolat. Tapisser l'intérieur et les bords des cookies de chocolat fondu. Laisser refroidir 30 minutes.

Couper les Chamallows® en petits morceaux. Faire fondre le reste de chocolat au bain-marie. Remplir les cookies shots de glace au caramel, poser des Chamallows®, des éclats de nougatine et napper de chocolat fondu.

Napper les cookies shots
de chocolat fondu.

cookies shots
matcha

Préparation : 20 minutes

Cuisson : 20 minutes - Repos : 2 heures

Pour 8 cookies shots

base cookie

110 g de beurre mou

110 g de sucre

1 œuf

125 g de farine

½ cuillerée à café de levure

1 pincée de sel

nappage & topping

1 sachet de matcha

100 g de chocolat blanc

10 cl de crème fleurette

Fouetter le beurre mou avec le sucre pour obtenir un mélange homogène. Ajouter l'œuf et mélanger. Mélanger la farine, 2 cuillerées à soupe de matcha, la levure et le sel, ajouter à la préparation précédente et mélanger.

Préchauffer le four à 180 °C. Remplir 6 petits moules en silicone. Enfourner 20 minutes. Laisser refroidir 1 heure au minimum avant de démouler.

Faire fondre le chocolat au bain-marie et tapisser l'intérieur des cookies. Laisser refroidir 1 heure. Monter la crème bien froide en chantilly, verser dans les cookies et saupoudrer de matcha.

Remplir les cookies shots.
Servir froid.

cookies shots

chaï mangue

Préparation : 25 minutes - Cuisson : 20 minutes
Repos : 1 heure

Pour 8 cookies shots

base cookie
120 g de beurre mou
100 g de sucre
1 œuf
260 g de farine
50 g de poudre d'amandes
½ cuillerée à café de levure
1 pincée de sel

nappage & topping
1 cuillerée à café de mélange d'épices pour chaï
1 petite mangue mûre
2 yaourts à la grecque

Fouetter le beurre mou et le sucre pour obtenir un mélange homogène. Ajouter l'œuf et mélanger. Mélanger la farine, la poudre d'amandes, les épices, la levure et le sel, ajouter à la préparation précédente et mélanger.

Préchauffer le four à 180 °C. Diviser la pâte en 8 morceaux et tapisser 8 moules en silicone en couvrant bien tous les côtés. Enfourner 20 minutes. Laisser refroidir 1 heure au minimum avant de démouler.

Mixer la mangue pelée et coupée en dés avec les yaourts.

cookies shots

fleur d'oranger miel

Préparation : 25 minutes - Cuisson : 20 minutes
Repos : 1 heure

Pour 8 cookies shots

base cookie
100 g de beurre mou salé
100 g de sucre
3 jaunes d'œufs
175 g de farine
½ cuillerée à café de levure
Zestes de ½ orange
Eau de fleurs d'oranger

nappage & topping
Glace au yaourt
15 cl de crème fleurette
Pignons de pin,
Miel

Fouetter les jaunes d'œufs, le sucre et les zestes jusqu'à ce que le mélange blanchisse. Ajouter la farine, la levure et 1 cuillerée à soupe d'eau de fleur d'oranger, et mélanger. Ajouter le beurre en morceaux et mélanger pour obtenir une pâte homogène.

Diviser la pâte en 8 morceaux et tapisser 8 petits moules en silicone en couvrant tous les côtés. Mettre au congélateur. Préchauffer le four à 180 °C. Enfourner 20 minutes. Laisser refroidir 1 heure avant de démouler.

Monter la crème bien froide avec 1 cuillerée à café d'eau de fleur d'oranger en chantilly. Poser 1 boule de glace sur chaque cookie shot, de la chantilly, des pignons et arroser de miel.

cookies shots

piña colada

Préparation : 15 minutes - Cuisson : 15 minutes - Repos : 1 heure

Pour 6 cookies shots

base cookie

75 g de sucre
2 œufs
1 pincée de sel

nappage & topping

125 g de noix de coco râpée
20 cl de crème de coco
4 tranches d'ananas

Monter les 2 blancs d'œufs en neige. Mélanger 1 jaune avec le sucre, ajouter la noix de coco râpée. Incorporer aux blancs en neige.

Préchauffer le four à 180 °C. Diviser la pâte en 6 morceaux, remplir 6 petits moules en silicone en couvrant bien les bords. Enfourner 15 minutes. Laisser refroidir 1 heure avant de démouler.

Fouetter la crème de coco pour obtenir une chantilly légère. La verser dans les cookies shots et ajouter des petits morceaux d'ananas.

Servir les cookies shots froids parsemés de copeaux de noix de coco.

cookies shots

spéculoos coco avocat

Préparation : 20 minutes - Congélation : 30 minutes
Réfrigération : 1 heure

Pour 6 cookies shots

base cookie
240 g de spéculoos
100 g d'huile de coco

nappage & topping
2 gros avocats
1 citron vert
50 g de sirop d'érable
20 g de noix de coco râpée
1 cuillerée à soupe de copeaux de noix de coco

Émietter les spéculoos et mélanger avec 90 g d'huile de coco.

Diviser la pâte en 8 morceaux et tapisser 8 petits moules en silicone en couvrant bien tous les côtés. Laisser prendre au congélateur 30 minutes. Démouler délicatement. Mettre au réfrigérateur.

Mixer la chair des avocats avec le jus et les zestes du citron vert, le sirop d'érable et le reste d'huile de coco. Ajouter la noix de coco râpée, mélanger et remplir les cookies froids. Mettre au frais 1 heure au minimum.

Mise en pages : Frédéric Voisin
Relectures : Cécile Mouchel et Natacha Kotchetkova

Dépôt légal : septembre 2017
70-4318-4
ISBN : 978-2-501-12525-3
Achevé d'imprimer en août 2017 chez Graficas Estella.

PAPIER À BASE DE FIBRES CERTIFIÉES

MARABOUT
s'engage pour l'environnement en réduisant l'empreinte carbone de ses livres.
Celle de cet exemplaire est de :
600 g éq. CO_2
Rendez-vous sur
www.marabout-durable.fr